LE PREMIER LIVRE POUR
COMPTER

LE PREMIER LIVRE POUR COMPTER

ISBN 2 7320 3102 X
Imprimé en Italie

LE PREMIER LIVRE POUR COMPTER

Illustré par David Anstey
Écrit par A.-J. Wood

Éditions du Sorbier

1

Un
dinosaure
observe...

...deux dinosaures qui dansent.

3

Trois
dinosaures
regardent...

...quatre dinosaures tombant à la renverse.

Cinq
dinosaures
découvrent...

... six
dinosaures
qui chantent
en chœur.

Sept
dinosaures
contemplent

... huit dinosaures en train de manger.

Neuf
dinosaures
réveillent...

... dix autres
dinosaures
couchés
dans le
même lit.